# 떠도는 말

김민홍 제7시집

# 떠도는 말

인간과문학사

● 자서 ●

우린 서로 다르다는 것이 같다고
난 첫 시집에 썼지만
일곱 번째 시집에도 쓴다.
6시집 발간한 지 일 년 만에 7시집을 묶는다.

그동안 써 놓았던 초고들을 정리하다 보니
그렇게 되었을 뿐이다.

2024, 가을 김민홍

차례

자서 - 5

## 제1부

떠도는 말 - 12
당신은 어땠어? - 14
병문안 - 15
귀환歸還 - 16
블라디보스토크 - 17
침묵 - 19
관계 - 21
요즘 무얼 읽고 있습니까? - 22
음란淫亂 - 23
효촌지에서 - 24
졸음에 대해 - 25
참회 - 26

귀향歸鄕 - 27
아닙니다 - 28
음악 - 29
수행자 - 32
그렇습니다 - 33
그 시절 - 35
초지진 가는 길 - 36
사실은 - 38
간이역에서 - 40
이별은 흔한 일 - 49
단풍 - 51
출가出家 - 52
무제 - 53

## 제2부

가을에 - 56
겨울비 - 57
왜냐하면 - 58
비[雨] - 59
바람 한 점 없는 오후 - 60
결심 - 62
판피린 - 64
눈에 잘 들어오지 않는다 - 65
아무 일도 일어나지 않은 오후 - 66
그저 냄새나 풍기며 - 68
당신은 - 69
퇴고 - 70

그렇게들 모였다가 - 72
암전暗電 - 73
양평 가는 길목 - 74
전성기 - 77
편두통 - 79
힘 - 81
그의 유언 - 82
문자 통신 - 84
트럼펫만 분 여자 - 85
당신은 대체 누구? - 87
어색한 어조(tone)로 - 89
횡성장 - 91
속내 - 92

## 제3부

중년 - 94
배가 고프다 - 95
아비의 집 - 96
모니터 - 97
사람을 찾습니다 - 99
불안에 대해 - 100
승가사에서 - 102
다시 그녀 - 103
흔한 이야기 - 104
왜냐구요? - 105
겨울 칸타타 - 106
비밀이 많군요 - 107

단상短想 - 109
어느 날 나는 - 110
후회 - 112
귀환歸還 - 114
좌우명 - 115
우동집 - 117
마케팅 - 119
김민홍의 인생 - 120
경계 - 121
믿고 싶은 거겠지 - 122
프리 재즈free jazz - 124
괜찮아 - 125
매너리즘 - 126

## 제4부

한계 - 128
아마추어 - 129
재발再發 - 130
근본 - 131
그래도 난 기다렸지 - 132
미열 같은 설렘 - 133
흔적도 없이 - 134
따로국밥 - 135
꼼꼼히 읽는다 - 137
춘천공원묘원 - 138
슬픔 한 근 - 140
너무 직설적이라구? - 141

매혹 - 142
흡연 부스에서 - 143
용서에 대하여 - 145
비 오는 날의 휴대폰 - 146
교통사고 - 147
어디로 가든 - 149
장마 잠시 그치고 - 150
고질痼疾 - 151
거리에서 나는 쓴다 - 152
노래 - 154
타입type - 155
비수匕首와 비수悲愁 - 157
안전 알림 문자 - 158

[후기] 검은 빵 - 159

# 제1부

## 떠도는 말

떠도는 말의 꼬리에 치여
여기저기 패인 상처들은
아물만하면
다시 터지곤 했다

눈에 보이지 않은 채찍을 든
떠도는 말인 당신
하지만 난 당신의 얼굴도
이름도 모른다
떠도는 말이
당신의 채찍이라는 것밖에

오늘도 떠도는 말들의 혀가
날카로운 채찍이 되어
내 사는 골목을 누비고 있다

평생 이승에서 한 일이란
떠도는 말 몇 채집해
시집 몇 권 묶은 일뿐

어설픈 감옥 같은
시집을 열면
죽이 맞는 활자끼리
떠도는 말로 흩어질 게 뻔한!

## 당신은 어땠어?

햇살과 바람만 움켜쥐려 했지
손가락 사이로 빠져나가는
물처럼 잠시 생을 적시고
결코 잡히지 않는 햇살,
바람, 혹은 사랑이라는 이름의
결핍.

그저 손 내밀어
잠시 적시는 일밖에 할 수 없던 生
허둥대며 늙어왔네
당신은 어땠어?

## 병문안

닿을 수 없는 강 언덕을
묵묵히 바라보다 보면
강 건너 저쪽을
밟아보고 싶기도 하지

우물쭈물 놓쳐버린
강가에서 불던 바람처럼
인공호흡기를 단 채
병실에 누워 있는 그는
날 알아보지 못했지만
그의 얼굴에서 자꾸
내 얼굴이 어른거렸지

그의 가족들은
버거운 병원비에 휘청거리고
나는 얄팍한 봉투 하나
그의 베개 밑에 밀어 넣고
슬그머니 병실 문을 나섰지

## 귀환歸還

거짓말같이 늙은 그녀가
TV 속으로 돌아왔다

거짓말같이 눈부시게
예쁘던 그녀가
거짓말처럼 TV 속으로 돌아와
내가 늙었다는 것을 보여주고 있다,

아주 확실하게!

# 블라디보스토크

블라디보스토크는 '정복된 동쪽 땅'이라는 러시아어. 러시아의 얼지 않는 항구이다.

북간도나 연해주가 익숙한 내 귀엔 블라디보스토크의 '블라디'가 자꾸 '피'로 읽힌다.

그러니까 피로 정복된 연해주, 북간도, 고구려 땅, 발해 땅, 일제 침탈기의 독립 운동가들의 땅이라고 귀에 못이 박히도록 들어온 말들만 사는 땅, 미국보다 멀고, 아프리카보다 먼 땅. 인천공항에서 비행기로 제주도보다 가까운 땅이다.

우스리스크의 수이푼강가*에 서니, 버드나무처럼 하늘거리는 딸(유화)[1]을 둔 아버지 하백[2]이 어슬렁거리고, 바람둥이 해모수[3]의 연인인 유화를 사랑한 부여왕 금와[4]도 어슬렁거리고, 망명지에서 전실 자식이 딸린 실력 있는 과부와 결혼하여 고구려를 세운 유화의 아들 주몽도 생각난다.

서쪽의 회색 눈동자를 지닌 사람들이 이리떼처럼 몰려와 지명을 바꾼 땅, 망명길에서 돌아와 모스크바 입성을 거부당한 솔제니친의 거대한 동상과 회색빛 군함

들이 떠 있는 블라디보스토크 항구의 바다색은 속초 바다색과 같다.


*수이푼 강: 수이푼 강을 건너온 거란족과 마지막 전투에서 수적 열세로 밀린 발해 군인들이 전쟁 중 전원 전사했다. 전투 후 강가를 찾은 병사의 어머니, 아내, 딸들이 찾아와서 병사들의 죽은 몸을 껴안고 목 놓아 "슬프다. 슬프다" 하고 외치며 울었다고 해서 그걸 지켜본 사람들이 "슬픈 강가, 슬픈 강가" 라고 불리다가 수이푼 강으로 불리었다는 설이 전해지고 있다.

1) 유화: 柳花. 하백의 딸 해모수 사이에서 주몽을 낳는다
2) 하백: 한자 문화권 신화에 등장하는 강의 주인. 河伯이라고 표기한다
3) 금와: (기원전 89년? ~ ) 기원전 24년간 재위한 부여의 왕으로 성은 解, 이름은 금와金蛙이다. 금와金蛙는 금빛이 나는 개구리이다. 유화를 왕비로 맞고 주몽을 아들로 입적시켰다.
4) 해모수: 북부여의 시조始祖(?~?). 흘승골성에 도읍하고 나라를 세워 국호를 북부여라 칭하였다. 천제天帝의 아들로 하백河伯의 딸 유화와 관계하여 고구려의 시조 주몽을 낳았다.

# 침묵

"너의 침묵에 메마른 나의 입술"은
오래전 유행했던 노래의 가사이다.
오늘 아침 불현듯 수십 년간
한번도 불러보지 않았던
이 노래 가사가 떠오르는 이유는 뭘까?

너의 침묵은 늘 불길함을 거느리고
님의 침묵은 고난을 거느리기 때문일까?

너, 당신, 혹은 그대와 님은
같은 말일 수도 있고
아닐 수도 있다.

하여간, 침묵은
천군만마를 거느린 일종의 폭력일 수도 있다는
별 설득력 없는 상상을 해보지만
달변보다는 도덕적일 수 있다는 것.

그렇다고 세상의 모든 달변이
포르노라는 말은 아니다.

## 관계

사랑도 낡아간다고 말하면
당신은 화를 낼까?
하지만 관절이 낡아가듯
느낌도 생각도 낡아간다

망가지는 것이 아름답다고
난 오래전에 편지를 보냈지만
답장이 없었다

낡아가며 아름다운 속살을 보여주는
오래된 성당, 절, 혹은 잘 관리된
오래된 집의 기둥과 서까래를 보며
낡아가는 것과 망가지는 것의 사이에서
어슬렁거렸지

혹시 그때 낡아가는 것이 아름답다고
편지를 보냈다면
누군가 답장을 했을지도 모른다
는 생각이 불현듯 들었다

## 요즘 무얼 읽고 있습니까?


'어디로 가든 당신의 손에 만져지는 것은
적막입니다.'고 쓰고 나니
슬그머니 적막이 물러났다.

'무슨 생각을 하든 당신의 생각 끝에는
쓸쓸함이 매달려 있습니다.'고 쓰면
기쁨이 밀려올까, 아니면 허망

파고다 공원 뒷골목
노숙자들에게 부처님 공양하듯
천 원씩 나누어 주던
젊은 스님

요즘 무얼 읽고 있습니까?

## 음란淫亂


세상의 모든 사색과
사유는 음란하다*

사색과 사유가 비집고 들어올 틈이 없는
식욕, 성욕, 혹은 생존본능은
음란의 상대어일까?

자동차도, 전철도, 버스도, 비행기도, 배도
음란하다!
자동차 시동을 걸거나
전철이나 버스, 비행기를 탑승할 그대들과
뱃멀미가 두려워 배는 타지 못하는 나

사이에 알레르기성 비염이
음란하게 떠돌고 있다.

*사유思惟보다 더 음란한 것은 없다./데이지 꽃을 위해 마련된 화단에서/바람에 날아온 잡초가 무섭게 번식하듯/이런 외설스러움은 우리 안에서 금세 자라난다.//사유하는 자들에겐 성스러운 것이란 아무것도 없다./사물들을 무례한 이름으로 부르기,/저속한 해석과 음탕한 결론,/벌거벗은 진실에 대한 야만적이고 방탕한 집착, 은밀한 주제에 대한 호색스러운 접근,/무수한 견해들의 산란기 −그들은 사뭇 만족한다.(하략) − 쉼보르스카 〈포르노 문제에 관한 발언〉 중에서

## 효촌지에서

사월 그믐달이 실눈 뜨고
효촌지를 흘기고 지나갈 때쯤
물고기들이
몸을 풀기 시작했다
밤새 사운대는 소리에
목성과 금성이
관음증觀淫症에 시달리고 있다면
당신은 믿겠는가?

사내는 세칭 좋은 나이에
십 년째 낚시만 하고 있다
어쩔 수 없는 일이란
세상에 하나도 없다
하지만,
'어쩔 수 없는 일이다'
동행한 사내의
과묵한 아내의 얼굴이
말하고 있었다.

# 졸음에 대해

시를 쓰다 졸았어
세상에! 시를 쓰다가 졸다니!
화들짝 깨서 다시 시를 읽다가 졸았어
시를 읽다 조는 일은 흔한 일이지
그러니까 시를 쓰다 졸았는지
시를 읽다 졸았는지
잘 구분이 안 되는군

하긴 구분해서 뭐 하려고?
졸며 깨며 흘러가는 생

## 참회

제대로 된 서정시 한 편 써 보지 못했다.
제대로 된 연애시 한 편 써 보지 못했다.
그래서 난 시인이 아니다.
시 애호가였을 뿐.

제대로 세상을 읽어내 본 적이 없었다.
제대로 당신을 사랑해 본 적도 없었다.
그래서 난 사기꾼, 거짓말쟁이, 협잡꾼.

술을 못 마시니
아무도 내게 술 한 잔 권하지 않았다.
월세처럼 벌금을 내며 세상의 한 모퉁이에서
인생을 낭비한 죗값을 치르고 있다.

## 귀향歸鄕

은밀한 상처들로 봉합된
육신을 지고
어둡고 먼 길을 돌아왔다.
아무것도 묻지 말거라
어느 골목을 스쳐 어떻게 살아왔는지.

의혹에 시달려 온
당신 목선의 주름처럼
내 노래도 늙어간다

아무것도 읽어내지 말거라
굽은 등 뒤로 달이 뜨고 진다

## 아닙니다

세상에 기쁨이 있는 것은 아닙니다
세상에 슬픔이 있는 것은 아닙니다
세상에 사랑이 있는 것은 아닙니다
세상에 미움이 있는 것은 아닙니다
세상에 죽음이 있는 것은 아닙니다
세상엔 당신만이 있습니다.

# 음악

1

그 시인이 "슬프다"라고 쓰면
정말 슬프고
그 가수가 "기쁘다"라고 노래하면
정말 기쁘다고, 당신이 말했지
쓴다는 것은 음악과 같다고도.

음악은 어디에 있느냐는 질문에
"음악은 내 속에 있다"고
재즈 보컬 웅산*이
어느 잡지 인터뷰에서 말했지.
물론 그녀가 원전은 아니지만

詩도 그대 속에 있겠지?
아무도 사랑할 수 없었던 그대 속에
원형으로.

노래는
그대의 성대를 울리며
그대의 고막을 울리는 곳에 있고
성대의 울림이 그쳤을 때,
고막의 떨림이 멈춘다고
사라진 것은 아니지
그대의 내부 은밀한 곳에
고요히 고여있을 뿐


2

음악의 주변에서 떨어지는
음표를 주우며
평생을 음악 변두리만 헤맨 사내가 있다.
음악이 연인이고 음악이 시간이었으나

음악과 결혼하지 않은 사내가 있다.
그 사내의 본업은 방황

부업은 상처
그 사내의 취미는 우울
그 사내의 음악은 그래서 늘 어둡다.

사람들은
그 사내의 외투만 쓰다듬다 돌아선다.
그 사내의 본업인 고독은 믿기지 않기에.
아니면 두렵거나, 아니면


*웅산: 1973년 생, 재즈 보컬
 2013년 1집 〈Lover Letters〉 외 앨범 발표
 2010년 스윙저널 선정 골드디스크상 수상
 현, 상명대학교 문화예술대학원 뮤직테크놀러지학과 교수

# 수행자

잘 다듬어진 따스한 미소로
그는 사람들의 말만 경청하고 있었어
묵묵히 듣는 것도 수행

나이는 가늠할 수 없었지
술 담배는커녕
밥도 조금 먹고 잠도 조금 잔다더군
그림 같은 모습으로 영면할 것 같은
그의 맑은 눈빛이 부러웠어
그의 맑은 혈색이 부러웠어
적게 먹는 것도 수행이라는데
오늘은 그와 마주 앉아
우걱우걱 그의 세 배나 먹고 있었어

생을 세 배나 줄이고 있었지

# 그렇습니다

1

오늘은 햇살 눈부십니다
오늘만 햇살 눈 부신 것은 물론 아니지요
어제만 비 내린 것이 아니듯이
허나, 언제나 시간은 지금뿐
시방 온통 봄빛입니다

당신이 누구냐고
이제 물어보지 않기로 했습니다
당신은 분명
바람 한 점 살짝 놓고 가거나
고단했던 지난날이나
내일에 대해선
할 말이 없을 게 뻔하기 때문입니다
혹자는 당신이 바로
나라고 일러 주기도 하지만

시방 햇살 눈부시고
서재에 꼭꼭 쟁여있던 글자들이
열린 창틈 사이로 빠져나가고 있습니다

바람 부드럽고
벚꽃들 우수수 떨어집니다


2

외로움은 어디서 옵니까
생래적으로 우린 모두 외롭습니다
생래적으로 모두 자신의 외로움만 쳐다 봅니다
그러므로 외로움은 당신과 나의 운명이지만
외롭다고 생각하지 않을 수는 있습니다.

# 그 시절

들판이라고 쓰면
들판이 달려오던 시절
풀꽃이라고 쓰면
풀꽃들이 마구마구 피어나던 시절
그 시절에 듣던 쇼팽
그 시절에 듣던 베토벤
그 시절에 듣던 쇤베르크
그 시절에 듣던 빗소리

돌아갈 수 없는,
그 시절의 학교 앞 문방구 아줌마
교정의 후박나무 틈새로
마구 쏟아지던 햇살들을
책갈피나 일기 속에 끼어넣던
안경잡이 소년은 지금 어디 있을까

아무래도 난
돌아갈 길을 잃어버렸다
돌아갈 수 없는
너무 먼 길을 달려왔다

## 초지진 가는 길

초지진은 강화도에 있고
초지진 가는 길은
초지대교를 건너야 한다

자운서원에서
거대한 목련 세 그루를 보았다
내 허리 아래까지 흐드러진 목련
자운서원은 이율곡 선생님의 사당
파주 근처에 있다

초지진은 강화도에 있고
강화대교를 건너갈 수도 있다
예전엔 배로만 건넜겠지
초지진 가는 길엔
율곡 선생 사당에서 본
목련은 보이지 않았다
진달래가 설핏 눈에 밟혔다

사월 어느 날 초지진에서
눈 맑은 시인 한 사람 만났다
대화는 한 마디도 나누지 않았지만

## 사실은

사실은, 정말 사실이 아니라는 거야
사실은 세상에 하나도 없다는 것.
말은 말의 꼬리를 물고
"아" 소리가 "어" 소리로 나온다던가
세상은 세상 어디에도 없다는 것

아무도 당신의 소리를 듣지 않는다는 것
당신은 당신 속에 있는
당신 소리도 듣지 못한다는 것
세상에는 아무런 소리도 없다는 것이지
지금 무슨 말을 하냐고?
사실은, 지금 아무 말도 하지 않는 거야
왜냐하면, 세상엔 말이 없으니까
세상엔 아무것도 없다는 것만 있으니까
말이란 늘 말뿐이지, 사실은 아니라는 것
세상은, 세상에! 정말 세상이 아니라는 것

당신이 좋아하는 사랑이라는 말도
사실은, 어디에서도 풀을 뜯고 있지 않다는 것

말은 너무 휘발성이 강하다고
내가 전에 간절하게 말했잖아
믿을 만한 말은 어디에도 없다고 말이야

그때 당신은
말[言]과 말[馬]의 차이는 뭐냐고 물었지
세상에 사실은 하나도 없는데 말이야

# 간이역에서

1.

어디로 가야 합니까?
당신에게로 가십시오.

내가 어디 있습니까?
그건 당신만이 압니다.

道가 무엇입니까?
40년 헤맨 인생이 물었다.
道란 길입니다.
80년을 헤맨 인생이 대답했다.

저는 지금 인생의 大道를 묻고 있습니다.
40년을 헤맨 인생이 말했다.
大道란 서울로 가는 큰길입니다.*
80년을 헤맨 인생이 대답했다.

2.

어디에 머물러야 합니까?
당신이 서 있는 곳이
언제나 당신의 거처입니다.

결코, 길을 묻지 마십시오.
왜냐하면
당신이 길이기 때문입니다.


3.

분노는 어디서 옵니까?
당신이 분노입니다.
비참은 어디에서 옵니까?
당신이 비참입니다
슬픔은 어디에서 옵니까?
당신이 슬픔입니다.

다만 두려워 마십시오.
당신이 두려움인데 무엇이 두렵습니까
슬퍼하지 마십시오.
허위입니다.
기뻐하지 마십시오.
거짓말입니다.

하지만, 슬프면 그저 슬퍼하십시오
이건 진실입니다.
기쁘면 그저 기뻐하십시오
이건 사실입니다.

구태여 정진精進하려 하지 마십시오.
당신이 사라집니다.
구태여 사람들 있는 곳을 찾지 마십시오.
사람들은 어디에도 없습니다.
구태여 혼자 있지 마십시오.
혼자는 외롭습니다.

4.

"담배는 명상에 해가 됩니까?"
한 영국인이 물었다
"담배는 독毒입니다."
마하리쉬**는 단숨에 대답했다.
'섹스는 명상에 해가 됩니까?'
내가 묻는다면
마하리쉬는 뭐라고 대답을 할까?
'텅 빈 도시'라고 나는 스무 살 때 썼다.
텅 빈 곳은 어디에도 없었지만
텅 빔[眞我]을 설파한

마하리쉬에게 의지해 말한다,
텅 빔이 없이는 그대도 없다.

사랑하는 이여
우리는 결국은 텅 비어 있다.
텅 빈 소리만 텅텅 울린다.

다만 그대가 귀 기울여 듣지 않았을 뿐.

비 그치고 밤이 깊다.
나는 시방 텅 빈 밤을 들여다보고 있다.
그저 날밤을 새우고 있다.


5.

현실은 무엇입니까
생각과 현실 사이에는
아무런 차이가 없습니다.
생각이 현실이고
현실이 생각입니다.
두려워 마십시오.
두려워하는 생각이
당신의 현실이 됩니다.
당신이 말하는 부질없는 세상은
일종의 앙탈입니다.

당신이 부질없다고 말하면 말할수록
당신 속에는 세상에 대한 강렬한
집착이 쌓입니다.
왜냐하면, 세상은 아직 당신에게
부질 있기 때문입니다.
당신이 고독하게
글을 쓰고 있을 때, 혹은
깊은 소외 속을 걸을 때도
아침이 밝아오고 아직
숨을 쉬고 있다는 사실을 기억하십시오,
아직 배가 고프고
아직 일할 곳이 있다는 것만으로도
세상은 살 만한 곳이겠지요.

가능한 많이 자고
가능한 적게 먹고
가능한 사람들과 오래 있지 마십시오,
가능한 책은 읽지 말고
가능한 시도 쓰지 말고

가능한 단순해 지십시오.
당신이 바로 生입니다.


6.

집착은 어디서 옵니까?
집착은 생존본능입니다. 그러나
집착을 놓는 것도 생존본능입니다.
그러므로, 다만,
사랑하십시오.
사랑은 어디서 옵니까?
사랑도 생존본능입니다.
그러므로 다만,

타자를 배려하십시오.
타자가 바로 당신입니다

7.

깨달으려 하지 마십시오
부지런히 내면을 살펴보십시오
당신은 이미 깨달았습니다
당신의 삶이 곧 정진입니다
비록, 당신이 저잣거리에서
구걸하는 사람일지라도
오늘 갑자기 퇴출당한 사람일지라도
많은 부를 축적했거나
큰 명성을 얻은 사람일지라도
당신만이 당신의 정진입니다
다만 방심하지 말고
당신이 정말 원하는 것이
무엇인가를 살펴보십시오,
당신은 이미 사랑 속에 있습니다.

당신이 시한부의 선고를 받은 이라 하더라도
당신이 사형선고를 받은 수인이라 해도

당신은 이미 깨달은 사람입니다.
당신은 이미 사랑하는 사람입니다.
다만, 마지막 순간까지 내면을 살펴보십시오.
조용한 음성으로 당신의 이름을 불러보십시오.

당신은 당신일 뿐입니다.
다른 어느 곳으로도 옮겨갈 수 없고
다른 어느 것도 당신의 것이 될 수 없는
당신은 무엇과도 비교될 수 없는
그저 당신일 뿐이기 때문입니다.


\*이름이 기억나지 않는 어느 스님의 법문에서 인용
\*\*인도의 명상가

# 이별은 흔한 일

이별은 세상에서 가장 흔한 일,
언제나 낯선 아픔으로 살을 저민다
저며지는 그대의 살점은 이별의 만찬이 된다

이별에 집착하지 마라,
가이사의 것은 가이사에게 주고*
이별에 속한 것은 이별에게 주라.
그리고 남는 것 그것마저
이별에게 주라, 당신의 것은 애초부터
없었으니, 우리는 애초부터 한 발짝도
나가지 못했다.

사랑하는 이여
나는 육에 속했으니 육으로 돌아갈 것이다.
내 노래가 너무 어둡다고 질타하진 말라
날 질타하는 것은 당신을 질타하는 것.
내 어둠은 당신의 어둠이므로.

나를 가르친 것은 모두 당신이다.

나를 아프게, 기쁘게 한 것들도
당신이다. 왜냐하면, 세상엔 온통
당신과 나만 있기 때문이다.
당신이 없으면 나도 없고
내가 없으면 당신도 없기 때문이다

그러므로 이별은
세상에서 제일 흔한 일이다.


\* 예수께서 바리새인의 질문에 답한 말

# 단풍

끝이 너덜너덜하더라도
슬퍼하지 마시게.
아무리 덧대어 꿰매도
뜯어지는 게
몸을 지니고 사는 동안의
당연한 이치

눈꺼풀이 내려앉고
목에 주름이 진다고?
우린, 돌멩이 하나보다도
이 땅에 오래 머물지 못한다네

시를 쓴답시고 쓰기 시작한 글이
왜 가을 햇살만 탓하냐고?
산다는 것은 사소한 일.
죽는다는 것은 흔한 일이라네
오늘도
거리의 가로수들만 제멋대로
단풍 들었더구나.

## 출가出家


입에서 나오는 것이 모두 詩일 수야 없겠지
대부분 구취口臭에 시달려 온 生

떨어진다고 다 고운 단풍은 아니지
노래한다고 다 노래가 아니듯이
산다고 다 사는 것은 아니겠지

'거짓말처럼 살았구나'라는 생각에
휘둘릴 때 출가를 해야 하는데
'헛살았구나!' 시퍼렇게 깨달으면서도
담배도 못 끊는 내가
갑자기 하염없이 민망하구나!

출가와 가출의 차이
극복과 도피의 차이

그래도 살아봐야겠지, 사는 날까지

## 무제

거짓 없는 몸과
거짓 없는 마음
사이에서
스산한 바람이 인다

다만, 살아보려 애썼다,
어떻게든 덜 외롭게

거짓 없는 미소와
배려하는 미소
사이에서
나는 악수를 청했다,
어떻게든 인생을
이해하고 싶어서

하지만 행복한 적이
단 한번이라도 있었던가!

너는 이맛살을 찌푸리겠지만

제2부

## 가을에


평생 골목에서 살았네
나의 산책도
골목길을 벗어날 수 없었지

들판을 꿈꾸었지만 한 번도
들판과 맞서 보진 못했네

바람을 사랑했지만, 제대로
바람을 거슬러 걸어보지 못했네

비를 사랑했지만 알몸으로
비를 맞아보진 못 했지

들판도, 바람도, 구경만 했네,
내 조그만 창밖으로 골목을 구경하듯.
구경만 하다 가는 생도
과분한 생이라고?

내 사는 골목길, 늙지도 않는 은행잎만
버석버석 밟히고 있네

# 겨울비

오래 숨어있던 기억을 깨우며
겨울비 내린다.
어둠이 또 다른
어둠을 몰고 오는 바람 끝에
묻어있던 비.

세상에 떠도는 소외 한쪽을
어깨에 메고
인사동 한 골목으로 들어서는
무명가수의 낡은 기타 위로
시방 겨울비 내린다.

## 왜냐하면

내가 보내는 엽서는 당신에게 닿지 않을 것입니다
왜냐하면, 당신에겐 관심 없는 일이기 때문입니다

당신은 동의하지 않겠지만,
사는 일은 부질이 없어서 아름답습니다
왜냐하면, 삶은 이유가 없을 때 순수하기 때문입니다

당신은 풀꽃 한 잎도 이유가 있어서 존재한다고
말하지만, 저는 동의하지 않습니다

그래도 늘 당신을 생각합니다
부질없지만
아직 살아있기 때문입니다

당신은 당신이 사랑할 수 있는 것들만
사랑합니다
그럴 수밖에 없습니다, 왜냐하면,
당신은 당신 외에
아무것도 사랑할 수 없기 때문입니다

그래도 늘 당신을 생각합니다

# 비[雨]

비를 끌어안고 종일 헤맸어,
"헤매, 헤매, 헤매, 그리고 몽땅 잊어버려!"
종일 되풀이 노래하는 비

잊을 수 없는 걸 잊어주는 게
사랑이라고 비가 노래하진 않았지만

내 몫의 세상은
그저 잊어주는 거라고 노래하고 있는
비속을 종일 헤맸어.

## 바람 한 점 없는 오후

해만 쨍쨍 내리쬐는 그곳
그늘을 찾아 두리번거렸네
그늘 속엔 늘
눈치와 동작이 굼뜬 자의
자리는 없지

나는 조그만 초대장을 들고
그곳에 갔지
초대장을 보낸 이는
누구든 와도 그만 안 와도 그만인 듯
정신없이 바쁘더군

나는 뙤약볕 속에 잠시
소품처럼 서 있다
돌아서는데,
익숙한 목소리가 등 뒤에서 불렀네

맹하니 돌아보니
바람 한 점 없는 오후만

덩그러니!
그곳에 놓여 있었네

# 결심

언제 나무가 부러지려고 결심하고 부러집니까
언제 바람이 태풍이 되려고 작정하고 불어옵니까
언제 우리가 헤어지려고 마음먹고 헤어집니까

만남은 헤어짐의 전조
언제 당신이 날 사랑하려고 결심하고 사랑했습니까
언제 당신이 날 버리려고 작정하고 버렸습니까
당신은 날 버렸다고 생각하겠지만
그건 일종의 오해입니다

우린 이미 서로 버린 지 오래되었지요
서로에게 자신을 버리고
서로에게 서로를 버리고
그리고 당연히 시간이 우리를 떠났습니다

버릴 수 없는 것을 버리는 게 사는 일이라고
시간이 우리를 혹독하게 가르쳤지요

당신은 할 만큼 했다고 자위하겠지만
당신이 할 수 없어서
시간이 한 것들이라는 걸 잊지 마십시오

그렇습니다. 때에 이르렀을 뿐입니다.

## 판피린

 공연이 있는 저녁이면 습관처럼 쳐들어오는 적막. 녀석은 판피린을 마신다. 판피린이 감기약이 아닌 녀석, 두 병의 판피린을 마시고 연주하러 무대에 올라간다. 대마초 흡연이 범죄인 나라에 산다는 것이 녀석에겐 무슨 의미일까 잠시 생각했다.
 대마초를 피우다 구속되기 전날 밤에도 폭격하듯 드럼을 두드리던, 아직 아이였던 녀석. 사람들은 맥주를 마시며 그 아이의 드럼을 들었다.
 죽었다는 말도 들리고, 공사판을 떠돌며 노동을 한다는 소문도 들리고, 나이 많은 여자와 눈이 맞아 강원도로 갔다는 풍문을 뿌리고 사라진 녀석, 이젠 아이가 아니겠지만, 초겨울 어느 날 면회 가서 만났던 투명한 얼굴, 갑자기 눈물겨운 고등학교 3학년 4반 내 학생이었던 그 녀석.

# 눈에 잘 들어오지 않는다

그의 시는 해설만 읽힌다
그의 수상 경력, 평판에 의지해
혹시 내가 놓치는 게 있을까 해서
몇 번 다시 읽어도
눈에 잘 들어오지 않는다

그의 음악은 귀에 잘 들어오지 않는다
명불허전? 그의 명성만 귀에 들어온다
내 귀에 문제가 있는 거겠지
몇 번 다시 들어도
귀에 잘 들어오지 않는다

그의 제안은 수용하기 어렵다
그래도 머뭇거린다
예전에 내가 누군가에게 준 상처가
떠올랐기 때문이다

## 아무 일도 일어나지 않은 오후

하늘, 흐리고
안개, 산자락 사이 자욱하다.

등 뒤 어딘가에서 숨어
숨을 고르고 있는
익숙하고 오래된 슬픔.

쓸쓸하고
위胃가 아프다.

이유 없이 너를 생각했기 때문일까.
너 때문에 헤매던 거리들은
늘 눈물겨웠다

시외버스를 타고 떠나던
네 이름이
갑자기 생각나지 않는다,
어디로 갔는지도.

희미하게 창 쪽으로 흔들던 손,
까마득하다.

아무 일도 일어나지 않은 오후다.

# 그저 냄새나 풍기며

우리는 모두 여자의 몸을 통해 나왔다.
그곳이 계곡이다.
인人 옆에 곡谷을 놓으면
속俗이 되는 인간의 계곡,
우리는 모두 냄새나는 곳을 통과해
세상에 왔으므로
속俗은 온통 냄새투성이라던
늙은 행위예술가의 말이 생각났다.

오늘 안개 내리고
난 종일 속俗에 대해 생각했다.
아무것도 정리되진 않았다.
그저 냄새나 풍기며
사는 날까지 살면 되는 것이다.

# 당신은

당신은 거리의 정부情婦
수시로 모욕과 치욕이 굴러다니는
거리의 똘마니
거리가 조롱하고 거리가 비웃는
당신이 걸어가는 길마다 가로등이
꺼지고, 낙엽도 떨어지다 멈춘다.
그러니까 당신은 가로등과
낙엽의 남편,

거리에 나서면 늘 당신이 있다.
당신을 만나러 나는
오늘도 집을 나선다.

# 퇴고

어젯밤 써 놓은 시를
아침에 퇴고하다 보면
시간도 퇴고하고 싶다
인생도 퇴고하고 싶은 걸까

내가 퇴고를 잘 안 하는 것은
건방져서가 아니고
게을러서도 아니고
시간인 인생은 도저히
퇴고 되지 않기 때문이다

지금 이 순간이 바로
내 인생, 내 시간인 것이다
그러므로 난 거의
즉흥시를 써 온 셈이 된다
늘 순간의 현장 속에 있기 때문이다

아침에 눈 뜨면 습관처럼
혈압약을 삼키고

오늘 하루 뇌출혈 따위는 없길
기대하는 것이다

## 그렇게들 모였다가

다음에 또 봐요, 안녕, 건강하세요
흩어졌다, 흩어진 사람 중 하나인
사내*가
갓길에 차를 대고 깜빡이를 켠 채
심장이 멎었다
새벽에 행인에 의해 확인되었다

흩어졌던 사람들은 차를 끌고
먼 길을 다시 달려 조문을 갔다

"날 풀리면 또 만나요
詩가 있고 음악이 있는 곳이라면
어디든 상관없어요^^"
사내에게 받은 마지막 문자였다

*공연 마치고 귀갓길 차 속에서 세상을 버린 싱어송라이터. 〈보헤미안〉이란 예명으로 활동했다. (2023)

## 암전暗電

암전暗電되자
세상의 모든 소리가 들린다
세상은 본디 소리가 없다는
소리도 들린다
숲도 본디 소리가 없다는 걸
바람이 일러준다
내가 그리움을 꺼도
네가 날 외면해도
결코 꺼지지 않는 소리가
슬그머니 얼굴을 디민다.

## 양평 가는 길목

양평 가는 길목에 있던
〈개성만둣집〉이 〈투썸플레이스〉로
몸을 바꿨고
개성만두를 사 주시던
황명걸 시인께서는 돌아가셨다
늘 그리워하던 시인의 고향
평양으로 가시진 못했다
그곳을 지날 때마다
마음 한 켠이 쓸쓸해지곤 해서
〈개성만둣집〉만큼 오래된
고인의 시집 〈한국의 아이〉를
다시 읽었다

양수리 가는 길목
마현리 정약용 생가 근처
연근 밭은 올해도 연근을 캐지 않는다
일할 사람이 없어서라고 했다
이맘때면 연근을 사서
한 해 동안 신세 진 사람들에게

우송해주던 즐거움도 사라졌다

양수대교 건너기 직전
돌미나리밭 주인은
미나리 전집을 내서 대박 난 후
물려받은 돌미나리 농사는 짓지 않고
서울 경동 시장에서 사 온다고 한다
맛이 예전 같지 않아
돌미나리 좋아하던 사람들과
함께 사 먹으러 가던 즐거움도 사라졌다

젊었을 때부터
그곳 풍광에 매료된 난
몇 번이나 그 근처에 집을 짓고 살고 싶었지만
용기를 내지 못하고 늙기만 했다
핑계는 병원 옵션을 대고 있지만
전원주택을 관리하며 살 자신이 없어서이다
다만 그곳과 인연이 깊어
스물여덟, 나의 첫 학교 부임지가

양평이었고
요즘은 두물머리 근처
이 나라 밴드 음악의 전설인
팔순의 원로 기타리스트 스튜디오에
공부하듯 놀러 가곤 한다

# 전성기

눈 깜짝할 사이에
한 세월이 흘러갔다고
말씀하셨다
지금도 청년처럼
연주하고 작곡도 하는
팔순의 원로 기타리스트

내게도 전성기가 있었을까?
평생 골목길을 헤매다 보니
노안이 왔고,
기저 질환자가 되었고
수시로 병원이었다

이마는 점점 넓어지고
주름이 깊어졌다
머리칼과 수염은 점점 허술해지고
탈색되어 갔다

도피처럼 산사를 기웃거리고
도피처럼 교회 근처를 어슬렁거리고
도피처럼 명상으로 도망가기도 하고
세상의 모든 시를 다 읽겠다고 덤벼들기도
했지만, 황당한 일들이었다

그저, 전성기 한번 없이 흘러간
한 인생이 사소하게 저물고 있다

# 편두통

오른쪽 뇌가 아파요
오른쪽 뇌의 혈관이 아픈 걸까요
어디가 아픈지 모르겠어요
편두통을 앓아본 사람
손들어 보세요
왼쪽이든 오른쪽이든
시달려본 사람은 말 좀 해주세요
이렇게 아파도 되는 건지
타이레놀도 듣지 않아요
어쩌지요? 병원에 가
M.R.A. 찍어 보라고 쉽게 말하진 마세요.
의료보험이 있긴 하지만
편두통에도 돈에도
많이 시달리지만 않았으면 좋겠어요.

평생 변두리 회색 동네에서 살았지만
왼쪽 동네로 이사 가면 나을까요?
아니면 오른쪽 동네?

여기저기 치이며 살아서 그렇다구요?
왼쪽 뇌가 아프면 오른쪽 뇌는
괜찮아질까요?

# 힘

아주 짧은 순간
잡목 숲 틈새로
햇살이 스며들었다
잡목들 스치고 온 햇살
땅이 꿈틀거렸다

아주 짧은 순간
곧 싹이 돋을 것이다
여린 살 디밀고, 음지 식물들도
슬그머니 부활할 것이다

## 그의 유언

첼로를 들으며 임종하고 싶다.
통증은 없길
가능한 강한 마약이라도 써서
일그러진 얼굴로 세상을 마감하지 않길
누가 내게 이런
자비를 베풀어주기 바란다.
만날 사람을 다 만나지 못하고 갈지라도
다신 돌아오고 싶지 않다.
천상병 시인처럼
아름다운 세상 소풍 끝냈다고
말하진 못하겠다.

난 이곳이 아팠다.
음악이 아프고, 커피가 아프고, 나무도 아프고,
강도 아프고, 노을도 아프고, 바람도 아팠다.
그리고 당신, 혹독하게 아픈 당신 때문에
생애 대부분을 울며 지냈지만
겉으론 활기차게 웃었다
내출혈처럼 소리 죽여 운 내 울음을

당신은 보지도 듣지도 못했을 것이다.
이곳엔 내가 좋아하는 당신도 있지만
다시 돌아오고 싶지 않다.

음악을 들으며 임종하고 싶다.
통증은 없길
강력한 마약이라도 주사해 다오
부디 흉측한 얼굴로 떠나진 않길!
그리고 날 위해 누구도 울지 말길
누가 이런 자비를 베풀어주길 바란다.

## 문자 통신

악몽을 꾸었어요
아직 거기 계신 거죠?
잠을 이룰 수 없어요

덜컥 불안해요
시선 둘 데가 없어요
산으로나 가야 할까 봐요
허름한 산장이나 하나 세내어
라면과 봉지 커피나 끓여 팔아볼까요?

산허리 노을 걸리면
당신 생각이 나겠지만
악몽은 안 꾸겠지요?
별일 없으신 거죠?
악몽으로는 오지 마세요

## 트럼펫만 분 여자

공유할 수 없는 감성이
꿈틀대며 옷을 입는다
맞는 옷이 하나도 없다

열아홉 살 때부터
트럼펫 연주자인 그녀는
남미 출신, 국적을 물으면
"똑같아요"라고 대답했다
세상을 모두
똑같이 읽고 싶었을까

점점 그녀는
깊이를 알 수 없는 고독을 연주했고
똑같다는 그녀의 말이
적막하다는 말로 들리기 시작하자
훌쩍 삼십 년이 지나갔다

그녀는 폭삭 늙어서도
트럼펫만 불었다

그녀를 마지막으로 본 것이 벌써
십 년 전의 일이다.

# 당신은 대체 누구?

새벽
내 작은 방에 들어와
낡은 스탠드를 켜면
당신의 얼굴이 잠시 보였다
사라지곤 했다
일기처럼 쓰는 詩
행간 사이 당신의
목소리가 들렸다

나도 모르는 사이
내 시를 읽고 갈 것이
분명한 당신,
사랑한다고 썼다가 지운다
사랑이란 단어 속에
내 사랑이
허망하게 갇히기 때문에

노래할 때도
힐끔 날 쳐다보곤

사라지던 당신

병상에 누울 때마다
내 옆에 와서 앉아 있던
당신은 대체 누구?

하지만, 당신 때문에
중증의 암에서 일어났고
새벽이면 시를 썼다
낮이면 일하고 틈만 나면
혹시 어디선가 당신이 들어줄까
노래를 부르러 다닌다.

## 어색한 어조(tone)로

그가 무대에 올랐고
가사 전달이 잘 안 되는
어색한 어조로
샹송과 팝송을 섞어 불렀다
기타를 치는 그의
손가락이 자꾸 꼬였다
눈을 감았다
여기저기 음정을 벗어났다

강렬한 조명이
그가 쓴 캡 위로 쏟아졌고
챙에 가려진 그의 감은 눈은
보이지 않았다

이 공연을 위해 큰맘 먹고
고가의 새 재킷을 사 입었지만
별 도움이 되지 못했다

기다리던 사람들은 오지 않았고

그들이 늦게 도착한 것을 모르는 채
그는 무대에 올랐다

노래하는 내내
아직 도착하지 못한 그들이 떠올랐고
기운이 빠진 그의 목소리는
노래에 집중하지 못했다

쓸쓸한 박수 소리를 들으며
그는 망쳤다는 확신으로
무대를 내려왔다

(잘 할 수 있었는데…)

하지만, 누구의 탓도 아니다
타고난 성향이 허약했을 뿐!

# 횡성장

　제 이름은 진고동 씨여유. 고향은 충청도유. 열여섯에 강원도로 시집 왔슈. 일흔아홉 먹었슈. 첫 서방은유 의용군 갔다 돌아온 후 술만 퍼마시다 행방불명 됐슈. 벼 이삭 누렇게 패던 가을이었쥬. 내 싫어 갔겠지유, 뭐. 집 나간 서방 십 년을 기다리다 친정 엄마가 얻어 준 두 번째 서방은유, 떠돌이 머슴이었는디유, 아들 하나 덜컥 심어 놓고 늦장마에 떠내려 갔슈. 그해, 유독 농사가 잘 되더니만 액이 꼈나봐유. 그러고 보니 서방 둘 다 가슴에 묻었네유. 무덤은 없슈. 다 팔자지유, 생떼 같던 아들놈은 스무 살 때 군대 나가 죽었슈. 지뢰를 밟았다나 봐유. 양구 근처였다는디, 지랄 같은 팔자쥬. 참 애비 얼굴도 모르는 딸년 하나 서울서 공장 다니다 서방 얻어 잘 살아유. 에미 보러 온 지는 십 년이 넘었지만유. 내 이름은 진고동 씨유. 얼굴도 기억나지 않는 친정 부친이 지어 주셨겠지유. 아들놈 잃은 후 장돌뱅이로 살아유. 오늘은 내 첫 서방과 국밥 사 먹던 횡성장이유.

# 속내

나무는 속내를 드러내도 나무다
강은 속내를 드러내도 강이다
하늘의 깊은 속내는 보지 못했지만
하늘이겠지

우리 집 강아지 똘이는 검돌이지만
면도날 같은 야성 하나 숨기고 있다
하지만 당신의 속내는 가늠할 수 없다
때론 너무 얕아 물고기도 살 수 없고
때론 너무 깊어 누구나 들어가면 익사한다

사랑한다고 함부로 말해서는 안 된다

제3부

# 중년

일종의 모욕들이 터널처럼 지나갔다.
지나가며 허약한 신경의 핏줄들을
터뜨렸다, 순전히 허약한 신경들 때문이다.
결국, 나는 터진 핏줄들을 꿰매기 위해
시를 써 온 것일 뿐이라는 생각이 들 때쯤
중년이 되어있었다.

# 배가 고프다

"나는 노래하리
세상에서 제일 우울한 노래"
라고 노래했던 가수의 이름은 잊어버렸다
곡명도 잊어버렸다
기억하려 할수록 생각이 나지 않는다

"다신 편지하지 않겠다"
라고 쓴 시인의 이름도 잊어버렸다
멕시코 시인이었던가 페루 시인이었던가
기억나지 않는다

경도인지장애라고?
하지만 잊어버릴 수 있어
버틸 수 있는 걸지도 모른다

시방 나는
바람만 쌩쌩 부는
겨울 강가에 혼자 서 있다
아직 배가 고프다

## 아비의 집

흐르고 흐르다 잠시 멈춘 곳이 다 아비의 집이다. 그러니까 아비의 집은 길 위에 있고 한번도 한 곳에 뿌릴 내린 적이 없다. 흘러가고 변하지 않는 것이란 아무것도 없기 때문이다. 그러므로 슬퍼하지 마라. 슬픔은 기쁨의 다른 이름. 구태여 기뻐하지도 마라. 기쁨은 슬픔의 다른 얼굴. 나무는 나무끼리 돌멩이는 돌멩이끼리 그 안에 목숨들을 기르고 목숨들을 파먹고 스스로 목숨들의 식량이 되어 새들을 기른다. 봄을 기르고 여름을 기르고 가을을 지나 겨울로 스민다. 겨울 숲을 보아라. 숲이 너의 집이다. 아이야 네게 해줄 수 있는 말은 이 말뿐. 나무는 옆의 나무를 두려워하지 않고 이웃 숲을 부러워하지 않는다. 그러므로 아이야, 아비를 그리워하지 말고 어미도 그리워하지 말고 울고 싶을 땐 숲에 들거라. 웃고 싶을 땐 겨울 숲을 기억하거라.

# 모니터


오래 앓아온 지병인
악몽에 시달리다 잠이 깬
새벽 3시
죽은 백남준이 걸어온다
주름진 얼굴이 수십 개의
모니터에 사기처럼 투사된다
임종 직전의 인터뷰에서
무얼 제일 하고 싶냐는
기자의 질문에
휠체어에 앉아서 어눌한 어조로
"연애!"라고 대답하던 그

〈동물의 왕국〉 배경 화면 속
해만 내리쬐는 아프리카 황토 먼지 날리며
새벽 3시 30분, 31분, 32분…
사자가 달려간다
인근 유선 채널에선
동물 가죽 소파를 팔고 있다
소파 있어요? 새벽을 팔고 있다

누군가가 당신을 모니터링해 팔고 있다
당신은 믿고 싶지 않겠지만.

모니터 없는 곳으로 가고 싶다고?
하지만 모니터 없이 사는 건
이제 불가능하다. 그래서 오늘도 난
일종의 달콤한 절망,
모니터에 의지해 산다

새벽 5시, 1분, 2분, 3분…
죽은 서정주 시인의 오래전 인터뷰,
지방색 짙은 목소리와
주름진 얼굴이 부활 중이다

# 사람을 찾습니다

사람을 찾습니다.
초등학교 교과서에서 만났던 사람
실제 얼굴은
한번도 보여준 적 없는.

그때 읽은 만화책
〈엄마 찾아 삼만 리〉*처럼
사람 찾아 삼백만 리
돌고 돌아 폭삭 늙은
사람을 찾습니다.

*만화가 김종래의 만화(1960)

## 불안에 대해

그의 말 속에는 항상
가시가 숨어있다
조심하거라
자칫하다간 살이 찢긴다.

그의 눈빛 속에는 항상
슬픔이 묻어있다.
조심하거라.
잘못 따라가다간
허우적거리게 된다.

그는
불안한 자동차를 타고
불안한 식당에서 점심을 먹고
불안한 커피를 마시고
불안한 애인을 점검한다.

생각하기 나름이라고?
생각을 자유자재로 할 수 있는 사람은

얼굴 좀 보여주라
그 얼굴에 숨어있는 불안을 꺼내
생생하게 보여주겠다.

불안은 일용할 양식
그러므로 불안을 사랑하라
사는 일은 불안한 일이다.

## 승가사에서

승가사에 가서
부처님께
절 몇 배 드렸네
하산 길
솔숲 사이로 잠시
햇살 눈부시고
나는 서성거렸네.

너를 보내고 돌아오던
그날 오후,
길은 좀 미끄러웠고
바람 불고 몹시 추웠지.

이젠 놓아주라고
덜컥,
노을이 걸렸네

# 다시 그녀

다시 그녀라고 쓴다고 해서
어떤 연애를 연상하진 마시길
세상엔 그녀와 그 사내가 있고
그녀와 그 사내 사이에
다시 그녀와 그 사내가 있다
그 사이에 강아지도 있고
고양이도 있고 나무도 있고
그래, 하늘도 있고
개미로 상징되는 인생도 있다

그래서
나는 시를 쓰고
나는 괴롭고
나는 사랑했지만
기쁜 일은 별로 없었다
나는 심각한데 당신들이 자꾸
엄살이라고 하니
정말 엄살이나 피우는
늙은이가 되고 말았다

# 흔한 이야기

때가 되면 기울고
때가 되면 다시 일어서지
그래, 때가 문제야
흔한 이야기이지

하지만 난 이 흔한 이야기에
울고, 웃고, 흔들리고, 사랑하고,
괴로웠고, 기뻤네
이 또한 흔한 이야기이지

하지만 사랑하는 이여
그대에게만은 내가
흔한 이야기로 읽히진 않길
매일 염원했다네

어리석게도!

## 왜냐구요?

왜 자꾸 어슬렁거리냐구요?
그걸 몰라서 물어요?

왜 자꾸 변죽만 올리냐구요?
그걸 몰라서 물어요?

자꾸 목이 마르고
눈부시게 봄이 오기 때문이에요.

## 겨울 칸타타

내가 밟아 온 계단의 끝
피아노가 눈을 맞고 있었네.
건반을 누르며 내리는 눈
내가 들은 건 침묵의 음계.

바람이 간혹 나뭇가지에 걸려
기웃거렸네. 내가 들은 건
깊이 생각할 여유가 없는 적막

느닷없이 쏟아진 폭설 속
버려진 피아노와 겨울 칸타타
그리고 내가 갇혀있었네

## 비밀이 많군요

의지와 관계없이
내 속을 훑고 가는 바람
생각할 틈도 없이
나를 스쳐 가는 것들
내가 잡을 수 없거나
포기한 것들이
서랍 속에 그득하다
주기적으로 서랍을 비우지만
금새 가득 차는 기억들에 치여
우울했구나!
드디어 나는 서랍에 못을 친다
꽈~꽝꽝! 쾅쾅!
결코, 녹슬거나 뽑히지 않을 못,
어디 없을까?

"비밀이 많군요"
스캔들에 민감한 그가 물었고
"세상 그리워하는 일에 시달렸을 뿐이네"
내가 대꾸를 했지만

남의 스캔들 만큼 흥미로운 것도 없겠지
하지만 구태여
비밀일 것까지야 없다네

## 단상 短想

창 틈, 햇살 눈부시다.
내 작은 서재,
커피 한 잔 놓는다.

아직 살아있구나.
더는 훼손되고 싶지 않다.

여기저기 뒹구는 외로움을 주워
쓰레기통에 넣는다.

## 어느 날 나는

매혹되었었지
흑백 티브이 시절
'주말의 명화'가 방영되기 직전
마음을 설레게 하던 곡
〈로드리고의 아람페지오 협주곡 2악장〉
곡의 제목도 작곡가도 연주자도 모르던
그때부터 나는 기타를 치기 시작했지만
아직도 로드리고는 엄두도 못 낸다네

매혹되었었지
눈매가 이쁜 이웃집 누나
아마 중학생 때쯤
말도 못 붙여 보았지만!

선천성 고질병과
갑자기 몰아닥친 스산한 시련들로
행동은 거칠고 괴팍해졌지만
속으로는 한없이 기가 죽어 있던
청년 시절

목소리가 예쁜 목사님 딸에게
눈길 한번 주지 못 했지

흘려듣곤 하던
최백호의 〈낭만에 대하여〉가
귀에 들어온 것은
불과 몇 년 되지 않았어
그리고 나는 그 노래를 틈만 나면
〈봄날은 간다〉와 함께 레퍼토리 삼아 불렀지
다만, 관객들의 반응이 좋았기 때문이야

그런데 어느 날부터인가
날 매료시키던 것들이 시들해지고
툭하면 눈물이 나왔지
요즘은 음악을 들어도
시를 읽어도
노래할 때에도

눈물이 흐르더군
늙으면 오는 호르몬 이상증세라더군

# 후회

말과 행동 사이엔
꽃이 지고 바람 불고 비 내린다

행동과 말 사이엔
별이 뜨고 해가 뜨고 눈이 내린다

우리 사이엔
우주가 몇 개 놓여 있다
나와 나 사이에도
허물 수 없는 벽이 있다는 것을
왜 진작에 일러주는 사람은 없었는지
왜 진작에 난 그걸 알려고 하지 않았는지

후회해도 소용없다고
책상에 놓인 낡은 스탠드가 웅얼거린다
너는 고장도 나지 않니?
내가 빈정대어 주었다
당신은 나보다도 오래 살지 못해
낡은 책상 서랍이 내게 경고했다

그래 넌 천 년 만 년 허리 휘게 살아라
내가 저주했다

스탠드와 나 사이에도
몇 광년의 거리가 있었고
매일 밤 날 조롱하고 있었구나
그러고 보니
모두들 내 서랍 속에 허락도 없이
들어와서 날 조롱하고 있었구나

내가 버거워서 떠난다고
네가 보낸 편지는 내내
가시가 되었다.

## 귀환 歸還

물고기가 돌아오고
새들이 돌아오고
죽은 줄만 알았던
마른 가지에 싹이 돋았다.

내가 한 일은 아무것도 없다.
내 할 수 있는 것은
간여하지 않은 일뿐

간여하고자 하는 인간들을
속으로 미워한 일뿐이다.

# 좌우명

"죽을 때도 웃자"가 그의 좌우명
그는 하염없이 웃었다
웃다가 죽는 게 그의 꿈
만나면 웃고
안 만나도 그는 웃고 있었다

스무 살 이후 한번도 그는
우울한 모습을 보여준 적 없다고 했다
그는 평생 직업을 갖지 않았지만
그의 아내는 기꺼이 일을 했고,
돈도 잘 벌었다
다 그의 웃음 덕이라고 믿었다

그의 아내는 바람기 넘치는 그를
언제나 옹호했다
그의 아이들도 그를 좋아했다
그의 주변 사람들도 그를 좋아했다
언제나 겸손한
그의 웃음은 늘 쾌활하고 밝았다

그의 곁에 가면 모든 근심들이
사소한 일로 변해버렸다

그는 자신의 장례식장 영정 속에서도
유쾌하게 웃고 있었다

# 우동집

재혼한 그는 편안해 보였다
봄빛 완연한 날이었다
그의 전처는 아이와 함께
재혼한 백인 남편 따라 국적을 바꿨다

곧 퇴직하면, 새로 만난 아내와 함께
조그만 우동집을 낼 생각이라고
그가 빙그레 웃었다
점심 때 딱 세 시간, 우동만 파는 가게
물려받은 고향 집에
들어가 살긴 어려울 것 같다고 했다
추억에 치여 죽을 것 같다고도 했다

미국 간 아이는 주소도 모르고
편지도 오지 않고 전화도 오지 않지만
아이가 보고 싶다고 담담하게 말했다

갑자기 그가 차릴 우동집이
절간으로 상상되었다

〈우동 파는 암자〉라고
간판을 내걸면 어떠냐고 내가 말했다
그는 피식 웃다가 말았다

창밖으로 햇살이 흥그러웠다

# 마케팅

간혹, 대학자이면서
마케팅에도 능한 사람을 보면
경이롭다
보이지 않는 어떤 힘이
그 주위를 아우라처럼
둘러싸고 있는 것 같다

간혹, 마케팅에 능한 예술가와
마케팅에 안달하는 예술가들을 보면
민망하다

혹시, 내 열등감, 혹은
시기, 질투의 다툼은 아닐까?
하는 생각에 미치자
보이지 않는 소리가 귀에 찰랑거렸다

"여생도 얼마 남지 않았는데
이쯤에서 결벽증도 좀 버려!"

## 김민홍의 인생

인생의 마지막 설렘과
늙어가는 사소한 꿈조차
끝내 이해받지 못할 거라는
예감이 불현듯 밀려오네

젊은 나이부터 병든
몸과 마음은 상처투성이
음악도, 시도 상처투성이
사랑도 상처투성이

그러니까,
상처투성이로 늙어버린
김민홍은 평생 인생에 대한
소외감에 시달린 셈이군

끝내 공유할 수 없는!

# 경계

아프다는 건
아직 인생이란 영화가
상영 중이라는 것
즐겁게 시청하시길
곧 영화는 끝나고
텅 빈 스크린만 남으리니

삶과 죽음의 경계도
이와 같다네

## 믿고 싶은 거겠지

그는 그렇게 믿는다
아니, 믿고 싶은 거겠지

골치 아픈 건 질색,
말문이 막히면 내뱉는 말
"아, 몰라, 난 몰라!"
아니, 모르는 걸로 하고 싶겠지
아주 단순한 것도
취향에 안 맞으면 질색인 그
그런데 취향이란 게
어디서 온 거지?

몇몇 제자들 앞에서
가부좌를 꼿꼿이 틀고 앉아
"이제 나는 자연의 생몰生沒 속으로 스민다!"
말씀을 마치고 고요히 입적하셨다는
사명대사께서는 세수 67세였다

대한민국의 불교 신자
이승훈 시인께서는
75세에 숙환으로 적멸에 드셨다.

## 프리 재즈 free jazz

서로 어긋나는 걸, 언제부턴가 나는
코드가 맞지 않는다고 말하고 있었다
세상엔 불협화음이라는 것도 있고,
프리 재즈라는 장르도 있다고
나 자신에게 우기고 있었다
물론 허튼소리다
세상과 코드를 맞추기보다
세상이 내 코드에 맞추어 주길 바랐던 게 분명해!
몇 번 프리 재즈 공연을 관람했지만
한번도 감동받은 적 없다
내 정서가 자유롭지 못해서 그렇다

*프리 재즈 free jazz: 모든 정통적인 규칙과 원칙이 파괴된 형태로, 조성이나 박자, 형식 같은 것에 전혀 구애받지 않고 연주자의 느낌이나 감정에만 충실하여 즉흥적으로 표현해내는 재즈 음악의 한 갈래이다. 1950년대 후반에 생겨났으며, 미국 내의 인종적, 정치적 상황을 표출하는 수단으로 성행하였다. 특히 뉴욕의 어느 흑인계 고등학교에서 음악수업이 유럽인들만의 협소한 역사에 근거할 뿐 흑인들의 삶이 배제되었다는 이유로 '음악수업 거부'라는 극한 조치를 취했던 사건을 배경으로 본격적인 프리 재즈의 세계가 열리게 되었다.

## 괜찮아

'괜찮아,'라는 말 속엔
상처가 배어있지,
도망가고 싶을 때마다
염불 외우듯 웅얼거리는.

그래, 그렇고 말고
난 괜찮아!

# 매너리즘

평생 한 소재, 한 주제만 그려 유명해진
화가가 있다.
대중의 귀에 익숙한 몇 곡으로
늘그막까지 부유하게 사는 가수도 있고,
한때 스타였던 가수가
궁핍하고 불우한 노후를 보내기도 한다.
평생 열 곡 안팎의 스탠다드 레퍼토리로
생계를 이어온 재즈 뮤지션도 있다.

세상이 사랑하는 이름들 중
나는 에릭 클랩턴, 죠 카커, 쳇 베이커를
지금도 듣는다,
늘 진지하게 연주하기 때문이다.

제4부

# 한계

자꾸 그 일이 생각나는 것이
사랑인지 집착인지
아니면 아직 그 일 속에 있길 바라는 건지
내가 문제인지 그 일이 문제인지
잘 구분할 수 없다

다만 해결 방법이 없는
일종의 고통이라는 것

그래서 사람들은
내려놓았다거나
혹은 마음을 비웠다고들 하는구나

하지만 난
나의 한계에 굴복했다고
시방 쓴다

## 아마추어

저는 개런티가 없어도 노래합니다
저를 위해 노래하기 때문입니다
다만 따스한 마음으로 초대하지 않으면
슬그머니 거절할 뿐
저는 부담이 없는 사람이지요

하지만, 제 시집은 무료가 아닙니다
원가도 녹녹지 않고
저 혼자 만드는 것이 아니기 때문입니다
저 혼자 기타 들고 올라가는 무대엔
눈에 보이는 원가가 없기에
주면 받고 안 주면 안 받습니다

그렇다고 무대를 제공했다는 걸
생색낸다면
결코, 올라가지 않지요.

전 아마추어이고,
끝까지 그럴 겁니다.

## 재발 再發


봄이 재발되고
여름이 재발되고
가을, 겨울이, 그리고,
내 병도 재발된다
도지지 않기를 얼마나 바랐던가,
죽어야 완치될 나의 병!

세상도 끝까지 재발될 것이다
결코, 바뀔 수 없는 너와 나처럼

그러니
닿지 않는 건
닿지 않는 대로 덮어 둘 밖에
늙어가는 나는 기껏해야
"무엇이 아픈가?"
"어디가 아픈가?"
물어볼 뿐

# 근본

K 씨에게 얻어 온
화초 한 그루 심었습니다,
틈나는 대로 K 씨를 생각하며
정성껏 돌보다 보면
연약한 뿌리도 튼튼해지겠지요.
하지만 여름이 오기도 전에
시들시들 앓다가
바짝 말라갔습니다.
아무래도 내 테라스 화분의
토질이 좋지 않거나
너무 더운 나라에 온 근본이
적응하지 못해서 그런 걸까요?

아닙니다
K 씨의 베란다 그 화초는
잎새마다 윤기가 흐르고
꽃도 환하게 피웠기 때문입니다.

## 그래도 난 기다렸지

그래도 난 기다렸지,
늘 도로徒勞가 되어버린
내 기다림의 한 끝을 꼭 쥐고,

너덜너덜해진 외투를
벗어 걸면 구린내가 났지
구린내는 눈에 보이지 않으니
없는 셈 쳤지
재활용 봉투에 넣지도 못했지

병동에서 창밖을 내려다보던
익숙한 눈길이 떠올랐지
그래도 언젠가 퇴원하겠지

그래, 그래도 나는
'그래도'라는 부사어에
평생을 의탁해
내 삶의 주어만 기다린 셈이군

## 미열 같은 설렘


오래 집에 머물다
초대받은 설렘에 끌려
티맵으로 외출할 주소를 찾는다
한번도 가 본 적이 없는 곳
별 아는 이 없는 곳

그래도 외출한다
낡은 자동차에 기타 하나 싣고
시동을 건다

낯선 사람들이 모이는
작은 음악회 같은 곳
노래 몇 곡하고
커피 한 잔 마시고
슬그머니 자리를 뜬다
한번도 유명해 본 적 없으므로
늘 이방인인 나의
이 미열 같은
설렘

## 흔적도 없이

흔적도 없이 내 속을 다녀가곤 한다,
이름이나 얼굴조차 전혀 알 수 없는
누군가.

기껏해야 허접한 산문이나
엄살 같은 시나 쓰는 나는
들키면 큰일 나는 비밀 같은 건 없다.

그래도 감感조차 잡을 수 없는
누군가가 관심을 가져주었다는 것,
고맙다
그러니까 고마워하라는
암시만 남기고 가는 누군가

흔적도 없이.

## 따로국밥

파고다 공원 근처
순대 국밥집 골목은
내가 즐겨 찾는 곳
저렴하기도 하지만
순댓국은 익숙하고
속 든든해서
일행이 없을 때만
들리곤 한다

그 골목 끝,
낙원 악기 상가에서
약속하는 친구들은 대체로
순댓국을 싫어하므로
詩 따로 人生 따로
환상 따로 일상 따로
음악 따로 삶 따로
취향이야 서로 다르겠지만
국 따로 밥 따로라도
꼭 국에 밥을 말아야

직성이 풀리는
나의 순대국밥이야말로
나의 뮤즈,
나의 詩 쓰기라네

## 꼼꼼히 읽는다

눈에 잘 들어오지 않는 시들도
꼼꼼히 읽는다, 혹시
내 눈이 놓치고 있는 게 있을까 해서.
귀에 잘 들어오지 않은 음악들도
집중해서 듣는다, 혹시
내 귀가 못 들은 게 있을지 몰라서.

성향에 맞지 않는 사람들도
참고 만난다, 분명
내 성향에 오류가 있을 것만 같아서.
아니야, 내 멋대로 재단하면
더 외로워질까 봐.
이런 내 속셈이나 잘 짚어주길!

아직 더
살고 싶다는 말이겠지.

## 춘천공원묘원

벼르고 벼르다가
이승훈 시인께 다녀왔다
춘천공원묘원으로 이사하신 지
어느새 오 년이 지났구나
눈부시게 양지바른 묘 앞
따가운 햇살 속에 잠시
서 있었다
고향도 선산도 없고
묻힐 곳도 마땅치 않은 나는
이런 풍광 속으로 스며들 순 없겠지

관리실에서 꽃 몇 송이 사서
시인께 드리고
평소 좋아하시던 맥주는 따라드리지 못했다
당분간 변두리에서 더 시달려야 할
나의 음주 운전이 될 것만 같아서

비석 뒤의 지상에서의 이력을
다시 꼼꼼히 읽었다,

촌놈인 스무 살짜리 국문과 일 학년의 봄
최초로 만난 나의 詩 은사의 묘비 문

춘천공원묘원엔
대한민국에 하나뿐인 시인
이승훈 선생님이 계신다
내겐
공원 전체에 이승훈 시인만 계신다

# 슬픔 한 근

슬픔 한 근,
아픈 부위만 골라 썰어,
잘 냉동시켜,
택배로 보냅니다

소금만 뿌려,
그대로 구워 드십시오!

# 너무 직설적이라구?

그가 내게 말했지
"선생님은 너무 직설적이라
사람들을 질리게 하곤 해요
시인이라면 좀 은유적이고
순화시켜 말해야 하지 않겠어요?"

그녀가 내게 말했지
"선생님 말을 따라가다 보면
개그맨 같아요!"

시적 표현엔
반어와 역설과 풍자도 있다고
대꾸하고 싶었지만 참았다

"그래, 난 직설적 말쟁이야"
민망해서 속으로만 웅얼거렸다

# 매혹

평생 날 매료시킨 것은
몇몇 음악과 기타라는 악기였고,
몇몇 시인의 詩였고,
오토바이였고, 자동차였다

예쁜 여자 쳐다보기 바빴지만
날 매혹시키진 못했다
아니, 매혹될 자신이 없었다.

종교나 명상, 철학 등은
열등감과 두려움에서
도피하기 위해 읽었고, 지금도
읽고 있다

파산한 적은 없지만 궁핍했고
사는 게 불안해
꼬박 35년이나 직장을 다녔다

그러고 보니, 난
불안에 매혹되어 살았구나!

## 흡연 부스에서

"그건 개인적인 일입니다.
그녀가 해외 순방 중 나랏돈으로
명품 쇼핑을 했다고 한들!"
"스캔들은 늘 호기심을 유발하지요
당신도 그렇잖습니까?"

"아니요!"
링거를 꽂고 휠체어를 탄
늙은 사내가 단호하게 대답할수록
"그렇습니다"라고 들렸다

"올 장마엔 벌써 사십 명 이상 죽었다는군요"
"대통령을 잘못 뽑아서 그렇다구요?
그건 개인적인 편견일 뿐입니다
함부로 발설하지 마세요!"
그가 목청을 높였고

"너무 비만 오니까 우울하네요
너무 습해서 여기저기 가렵기도 하고!"

내가 웅얼거렸다.

아무도 반응이 없었다.

## 용서에 대하여

타고난 성향이 물렁해서
마음에 오래 두면
몸으로 병이 오곤 하지
그래서, 그냥 잊으려 해도
의지대로 되지 않더군
그저 시간에 맡겨 잊히길
하지만, 잊힐 만하다가도
조그만 단서라도 집히면
병적으로 재발되는
나의 고질

그래서 다짐했네
무조건 용서하기로,
그럴듯하잖아?
폼도 나고!
분명 남은 날이 적은
생을 위로하기 위한
방편으로
읽어도 된다네!

# 비 오는 날의 휴대폰

종일 비만 내렸어
천변 산책길은 폐쇄되었지
그래도 우산 하나 달랑 들고
비 오는 거리 외진 구석에 서서
담배를 피웠어.

"비만 쳐다보니 턱이 빠질 지경이에요"
"그래도 아직 넋은 안 빠졌어요!"
"황토로 지은 집이라 비가 너무 많이 오면
불안해요, 흙이 쓸려가거든요"
오늘 내게 걸려온 전화의 전부다

"이번 토요일 공연은 취소합니다,
비가 너무 많이 오네요
야외 공연이 불가능하기 때문입니다.
다시 연락드리겠습니다"
오늘 내게 온 문자의 전부이다.

스펨 문자, 여론조사 전화조차 없는
비 오는 날의 내 휴대폰

## 교통사고

새벽 네 시가 점점
세 시로 바뀌어 간다

초저녁부터 꾸벅꾸벅
졸다가 잠자리에 들면
깨는 시간도
조금씩 앞당겨지기 시작하더군
이러다 낮과 밤이 바뀌는 건 아닐까?
예술가들은 새벽까지 잠 못 들고
오전 늦게야 일어난다던데
나는
예술가가 아닌 게 분명하구나

새벽잠이 없으셨던
외할머니도 초저녁부터 졸으셨지
외할머니의 새벽은
얼마나 적적하셨을까

간혹, 지방의 저녁 음악회에 가서

노래하다 졸진 않지만
돌아오는 길, 하염없이 하품이 쏟아져서
고속도로 휴게소에 차를 대고
잠시 눈을 붙이면
어김없이 기겁해서 깬다
졸음운전으로 교통사고 나는 꿈!

며칠째 유명 가수가
음주 뺑소니로 뉴스를 장식하고 있다

(2024. 5.)

## 어디로 가든

'아프지만 말길'
나도 모르게
틈만 나면 웅얼거린다
이는 내가 나에게 하는 말
떠나는 그대들의 앞길은
내 능력 밖이지!
언제고 떠날 그대들의
뒷모습을 각오하고 있을 뿐
이는 세상에서 가장 허약하고
쓸쓸한 대처법

혹시 더
견고한 대처법이 있다면
내게도 알려주시게!

## 장마 잠시 그치고

숲에서
새들이 지저귄다
폭우는 어디서 피했는지
다들 무사한지

흙탕으로 뒤집혀진
우이천, 잉어들,
왜가리, 오리, 원앙들
가슴 속 앙금들도
잘 삭히고 있겠지

장마 잠시 긋고
먹장구름 틈틈이
햇살 눈부셨다

## 고질痼疾



은밀하게 뻔뻔함을 감추는
일은 이해할 순 있어도
용서하긴 힘들다
그래서 평생 몸이 아픈 걸까?

내 속에서
은밀하게 둥지를 튼
고질이여
이젠 날 놓아다오

소리 소문 없이
나도 뻔뻔해지고 싶다.

## 거리에서 나는 쓴다

거리는
시 같지 않은 나의 시.
난 쓴다,
거리에서 거리를.

거리에서 난 늘 혼자다.
혼자 걷거나
편의점 테라스에 앉아
이어폰으로 음악을 듣는다.
저렴한 편의점 커피 한 잔
홀짝거리며 담배도 피운다.
유치원 아이들이 지나가면
슬그머니 끈다, 죄지은 것처럼.
이어폰을 끼고 거리를 걷다가
몇 번 차에 치일 뻔한 후로
걸을 땐 이어폰을 꽂지 않는다.
이어폰은
거리 모퉁이에 불량스럽게 서 있거나
쭈그려 앉아 있을 때만

링거처럼 가슴에 꽂는다.

종종 무선 이어폰 한쪽을 잃어버린다.
그러면 한쪽 가슴으로 듣는다.
답답해지면 곧 새로 산다.
그 정도는 날 위해 쓸 수 있다.

내가 주로 외출하는 곳은
거리이고 내가 하는 일은 방황이다.
그러니까 내 인생의 주제는
거리이고 방황이었군
하지만 걸을 수 있을 때까지
난 쓸 것이다,

허접하지만 그런대로 살았다고.

# 노래

노래란 조화롭고 밝으며
슬프지만 처연하진 않은 것이라고
날 깨우친 스승은 오직 한 분

오래전, 수덕사의 선방인 정혜사에
기타 둘러메고 노래하러 갔을 때
큰스님께서 내게 내려 주신 휘호
화명애아和明哀雅

잘 표구하여 내 서재에 걸어 두고
하루도 빠짐없이 읽고 있지만
스님은 날 기억하지도 못하실 것이다.

## 타입 type

그 음악은 내 타입이 아니야
그, 혹은 그녀의
시도 내 타입이 아니지
그럼 내 타입은?
세상 어디에도 없지
나도 내 타입이 아니니까

습관처럼 웅얼거리는 말,
"It's not my type!"
그렇다고 영어를 좋아하거나
잘하는 타입도 아니지
지루한 시
지루한 음악
말하자면 매너리즘에 빠진
내 속에 사는 것들은
내 타입이 아니야

왜 자꾸 영어를 쓰냐고?
매너리즘 대신
신선하지 않다거나
변질됐다고
까놓고 말하긴 좀 그렇잖아

안 그래?

## 비수匕首와 비수悲愁

비수匕首와 비수悲愁는
같은 말
비수悲愁가 조금씩 날을 세워
비수匕首가 되기 때문이죠
그래서 소리가 같은 것 아니겠어요?

오래전부터 나는 속에
비수 하나
품고 살았어요,
종종 꺼내 숫돌에 날카롭게 갈았지요.

마음은 세상을 찌르고 싶었지만
끝내 나만 찌르고 말았어요
그래서 匕首는 또 悲愁가 되고
소리뿐 아니라
같은 뜻이 되고 말았지만요.

## 안전 알림 문자

도봉구 주민인
김민홍(남 71세) 씨를 찾습니다
회색 점퍼 허접한 청바지
검정 운동화 검정 야구모자
선글라스 착용
우이천 벚꽃 놀이 중 실종
연락처 01037705306 김민홍

■ 後記

# 검은 빵

　검고 딱딱한 빵을 씹으며 희망을 노래했던 그 시인은 변절했지만 젊은 시절 내내 나는 생라면을 씹으며 그의 시를 외웠었지. 물론 아무도 듣지 않았어. 우물쭈물 웅얼거리기만 했었으니까.
　대학 시절엔 아주 어둡고 우울하고 이기적이고 난해한 스승에게 현대시를 배웠지만 몸이 따라주지 않았어. 막일에 지쳐있었고 열등감이 들통날까 눈만 부라리고 다녔지. 사고무친 고학생이었던 내 피 묻은 돈 떼먹은 녀석들은 지금 어디서 살까. 살아있기는 할까. 이제 이름조차 희미하고 얼굴 윤곽조차 흐려지네.
　어느덧 돌아가신 스승의 나이 근처에 이르러 스승의 시를 다시 읽었지. 스승이 씹었던 캄캄한 시간은 씹을 엄두도 나지 않고 가슴만 먹먹해지는 날은 전활 걸었지. 요즘은 카톡이 대세라는데 공짜라는데 세상에 공짜가 어디 있냐구? 그래서 전활 걸었지. 휴대폰으로 문자 찍는 건 아직 서툴러. 눈도 흐리고 대세와는 늘 거리가 먼 내 인생처럼 잘 적응이 안 돼. 전활 걸었지. 오래된 번호. 증발된 번호. 저승 간 번호에 전활 걸었지. 그곳에도 공짜가 있냐고.

김민홍 제7시집

# 떠도는 말

**초판 인쇄** | 2024년 10월 28일
**초판 발행** | 2024년 10월 31일

**지은이** | 김 민 홍
**펴낸이** | 서 정 환
**펴낸곳** | 인간과문학사

**주 소** | 서울특별시 종로구 삼일대로 30길 21, 종로오피스텔 809호
**전 화** | 02)747-5874, 063)275-4000
**등 록** | 제300-2013-10호
**E-mail** | human3885@naver.com   inmun2013@hanmail.net

**값 13,000원**
ISBN 979-11-6084-240-1  03810

\* 저자와 협의하여 인지는 생략합니다.
\* 잘못된 책은 바꿔 드립니다.

Printed in KOREA